序 言

孙守刚

为配合山东省"四德工程"建设，培育和践行社会主义核心价值观，构筑山东道德高地，建宁同志根据长期的工作实践和思考，集点滴休息时间，编著了《文明基因·孝 诚 爱——中小学"四德"教育普及读物丛书》。读完这套书，感到很有价值，也很有意义。

千里之行，始于足下。中小学阶段是人生成长的关键期，也是道德教育打基础的阶段。邓小平同志强调"教育要从娃娃抓起"，习近平总书记深刻指出"人生的扣子从一开始就要扣好"，这些论述深刻阐明了加强青少年思想道德教育的重要性。

在新时期，我们党提出大力培育和践行社会主义核心价值观，倡导富强、民主、文明、和谐，倡导自由、平等、公正、法治，倡导爱国、敬业、诚信、友善。这"三个倡导"24个字，是社会主义核心价值观的基本内容，体现了古圣先贤的思想，体现了仁人志士的夙愿，体现了革命先烈的理想，也寄托着各族人民对美好生活的向往。加强青少年思想道德教育，要把社会主义核心价值观作为重要内容，进教材、进课堂、进学生头脑，引导青少年从小培育和践行社会主义核心价值观。

中华优秀传统文化源远流长、博大精深，包含着人类的文明基因，积淀着我们的精神追求，是社会主义核心价值观建设的重要源泉。山东是齐鲁文化的发祥地，也是孔子、孟子、孙子等古代思想家的故里，在弘扬中华民族传统美德方面资源丰富。如何适应中小学生的年龄和特点，使德育教育与数理化教学和社会实践相结合？如何使传统美德教学情景交融、落细落小落实？如何实现中华传统美德在德育教育中的创造性转化和创新性发展？这是青少年思想道德教育的一个重要课题。

本丛书的编著者以独特的视角、开阔的视野、创新的体例，进行了有益的探索和尝试。比如，一个婴儿，从出生到断奶，一共吃了妈妈多少乳汁？这些乳汁中含有什么营养成分？分子式如何写？比如，什么是"良心反抗原理"？撒谎为什么会脸红？考试作弊究竟有多大的危害？打架斗殴的成本到底有多高？比如，微笑对人体有何益处？为什么说"手巧使人心灵"？长寿村的秘密是什么？在新加坡破坏公物为什么会受到"鞭刑"？这一幕幕我们习以为常的学习、生活场景，一组组应该记住却往往忽略的数据，一道道蕴含着孝、诚、爱理念的数理化和社会实践试题，一篇篇古今中外的道德故事和经典美文，别出心裁，引人入胜，启迪思想。这套书，很好地把握了中小学生的特点和成长规律，通俗易懂，循循善诱，说理深刻，是一本青少年道德教育的好教材。

孝、诚、爱、仁，是中华传统美德的重要内容，山东目前正在深入推进的"四德工程"建设，在家庭美德、职业道德、社会公德、个人品德建设中，突出弘扬和践行孝、诚、爱、仁的道德理念和行为规范，并努力使之落细落小落实，受到了群众的广泛欢迎和热烈响应，经验在全国推广。这套书的出版发行，犹如一朵美丽的鲜花，绽放在齐鲁大地道德实践的沃土之中。

衷心期望本丛书能够在今后的道德教育和社会实践中不断完善，希望广大读者阅读本丛书有所收获、有所提高。

文明基因·孝 诚 爱

——中小学生"四德"教育普及读物丛书

学业道德·诚德

林建宁 编著

诚者，成也！

山东教育出版社

写在前面的话

2007年，我在山东大学做过一次题为《撬动道德文化杠杆，促进社会和谐发展》的主题演讲。演讲之前，我做了一个现场测试：一是你知道父母的生日吗？阳历？阴历？你知道你的男朋友或女朋友的生日吗？阳历？阴历？二是你经常给父母打电话吗？每周能打几次？你经常给你的男朋友或女朋友打电话吗？每周能打几次？

测试的结果，让我和在场的人都感到震撼。大多数的学生能够准确地记得恋人的生日，每周会和恋人通很多次电话，但是对父母的生日却记不准，每周给父母打电话的次数相对于恋人来说少得可怜。

看到这样的结果，我随之提出了这样一个问题：今生我们还能见到父母多少回？一个孩子高中毕业，离开父母外出上大学，一般在18岁左右，此时，父母大多在45岁左右。按照父母平均寿命80岁计算，如果每年假期回家两次，今生我们能与父母相聚不过70次！也就是说，今生我们与给我们生命、供我们上学、养育我们的父母，只有70次相聚的时机。这一笔看似简单的"回家账"，打动了在场学生的心弦，很多同学因平时没能多回家看望一下父母，流下了愧疚的眼泪。

以上提问，我在不同的场合做过多次试验，结果都是相似的。一个大学生，十几年寒窗苦读，解开了无数的数理化试题，但像"你知道父母的生日吗""我们吃了妈妈多少乳汁""今生还能见到父母多少回"这种最基本的"人生题",却没能真正"解"开。这样的学生走上社会能有感恩之心吗？能树立正确的人生观、价值观吗？德育教育进学校、进课堂、进书本容易，但如何走进孩子们的心灵，需要我们深思。每想至此，一种责任感和使命感在我的心底油然而生。

七年中，我翻阅了大量古今中外的德育教材，考察了欧美、日韩等国家和港台地区的中小学生品行教育，结合工作进行了一些探索和实验，力求将看似独立的"文科道德教育"与"理科数理化教学"相结合。实践证明，这看来有点不伦不类的想法，实则是魂体交融，收效显著。

小时候，爸爸妈妈把我们抱在怀中，手臂承受的压力是多大？如何运用学过的数理化原理进行节水节电节粮？什么是"良心反抗原理"？考试作弊会引发什么样的后果？为什么说爱别人就是爱自己？国外的孩子是怎么长大的？这一个个习以为常的问号，里面就潜藏着大量的数理化试题和深刻的道德理念。

为配合山东省"四德工程"建设，构筑山东道德高地，在领导、专家、同事的关心支持下，我于2011年开始构思创作《文明基因·孝 诚 爱——中小学"四德"教育普及读物丛书》。通过捕捉日常生活中令人难忘的情境，引导孩子、老师和家长进入道德思考状态，使人"过目难忘"；归纳、提炼、列举出一组组人们应该记住，却往往忽略的数据，引发思考，让人"心中有数"；依据"过目难忘"的场景和"心中有数"的数据，设计若干数理化、生物和社会实践活动的试题，让孩子、老师和家长在共同解答数理化试题中解答人生课题，使德育教学鲜活生动，做到"学而习之"；链接古今中外孝、诚、爱、仁的道德故事和经典美文，开阔视野，拓展思维，达到"融会贯通"。由此，本丛书分为《家庭美德·孝德》《学业道德·诚德》《社会公德·爱德》《个人品德·仁德》四大部分。《家庭美德·孝德》部分主要展现学生以"孝"为核心的家庭生活，分为"知恩""感恩""报恩"三个篇章；《学业道德·诚德》部分主要展现学生以"诚"为前提的学习实践，分为"诚实学习""重诺守信""遵纪守法"三个篇章；《社会公德·爱德》部分主要展现学生以"爱"为理念的社会活动，分为"爱护环境""关爱他人""奉献社会"三个篇章；《个人品德·仁德》部分单独成册，主要介绍青少年个人品德的典型事迹。

为将孝、诚、爱、仁有机地串联起来，我们设计了"善善"和"亮亮"两个少年形象，他们是"善良"的化身。"善善"和"亮亮"通过自己的肉眼观察世事，通过慧眼发现规律，打通古今。

为使德育教育与数理化教学和社会实践相结合，使德育教学情景交融、落小落实，实现中华传统美德在德育教育中的创造性转化和创新性发展，本丛书对此进行了一些探索和尝试。因本人境界和水平所限，不足之处，敬请广大读者予以谅解和指正。

编著者

2014年5月4日于泉城

目 录

诚实学习篇:

诚实学习 让心灵无瑕

一、诚学之道

　　孔子曾说过："知之为知之，不知为不知，是知也。"他是在告诉弟子：知道就是知道，不知道就是不知道，这才是真正的智慧。同时，他也在提醒后人：做学问来不得半点儿虚伪和骄傲，以诚待学，虚心好问，必将终身受益！

知之为知之，不知为不知，是知也

❀— 过目难忘

　　世界著名物理学家、诺贝尔物理学奖得主丁肇中在为南京航空航天大学师生做学术报告时，面对同学的提问，"三问三不知"。

　　"您觉得人类在太空能找到暗物质和反物质吗？""不知道。"

"您觉得您从事的科学实验有什么经济价值吗？""不知道。"
"您能不能谈谈物理学未来20年的发展方向？""不知道。"

三问三不知！这让在场的所有同学都感到意外，但随即又报以热烈的掌声。掌声表达了师生对他"知道就是知道，不知道就是不知道"坦诚态度的由衷敬佩。

✿ 心中有数

伽利略是16 ~ 17世纪意大利著名的数学家、物理学家和天文学家。数百年来，他的诚学故事广为流传。

1590年，26岁的伽利略担任了比萨大学的数学教授。

1591年，因他的观点与传统观点冲突，伽利略被迫辞去比萨大学的职务。

1610年，他公开支持哥白尼的"日心说"。

1616年，他被罗马宗教裁判所责令保持沉默。

1632年，《关于两种世界体系的对话》一书出版，此书被当局视为"异端邪说"，他被判终身监禁。

1632年，他开始潜心于力学的研究。

1642年，他在贫病交加中病逝，享年78岁。

1983年，罗马教廷正式承认，350年前宗教裁判所对伽利略的审判是错误的。

生前他常说："追求科学需要特殊的勇气。"因为有这样的勇气和态度，他才取得了举世瞩目的成就，被誉为"近代科学之父"。

❀ 学而习之

1. 伽利略的"斜面实验"将可靠的事实和抽象的思维结合起来，深刻地揭示了自然规律。请你通过查阅资料说出斜面实验的步骤，并指出每一步是可靠的事实还是抽象思维的推论。

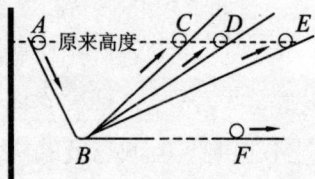

2. 在平时学习中，如果你认为自己的观点是正确的，却与大部分同学的观点发生冲突，这时你是随大流，还是想方设法寻找相关材料来证明自己的观点？如果在辩论中发现自己的观点是错误的，你又会怎么做呢？

❀ 融会贯通

季羡林先生的治学之道

明"不知"而后创新。季羡林先生在德国留学时，他以填补学术空白和攻克学术难点为己任，凡写论文前必先明确该领域的"不知"，然后搜集新材料，提出新见解，展现学术新意。

为"知之"而重考证。他认为在"不知"的领域提出新见解不是靠臆想，而要以材料为依据。因此，搜集材料时要做到巨细无遗，而在辨析材料时又要有"剥春笋"的精神。

凡"知之"必求"彻底"。对许多重要的学术问题，他以"彻底解决"为目标，终生抓住不放，不断验证、修订、充实和完善，不断地从"不知"走向"知之"，从"知之甚浅"走向"全面深刻"。

季先生的治学之道给学术界留下了宝贵的精神遗产，对中国学术发展具有重要的现实意义。

书山有路勤为径

🍃 过目难忘

东晋著名书法家王羲之的儿子王献之，从小爱好书法。

一天，献之临摹了父亲的字，觉得很像，便拿给父亲看。结果，王羲之看后道："是我喝醉了写的吧，

不然会这么难看？"献之听了，心里很不服气。

几天后，献之又写了几行字给父亲看。王羲之顺手加了一"点"，把"大"字变成了"太"字，随即还给了献之。献之拿给母亲看，母亲说："只有'太'字下面这一'点'像你父亲写的。"而后母亲耐心地说："你父亲走路时都用手指在身上写字，日子长了衣服都破了；练字后常到池子里洗笔和砚台，池水都变黑了；有一次，练字入了迷，竟错把墨汁当蒜泥吃。所以，练习写字，必须下苦功夫，一步一个脚印才行。"

献之牢记母亲的教导，勤学苦练，终于成为与父亲齐名的大书法家。

❧ 心中有数

唐太宗贞观元年（公元627年），玄奘从京都长安出发，经17年，行程5万里，西行印度求取佛经，历经艰难抵达天竺。他游学天竺各地，并与当地学者论辩，名震天竺。他带回佛经52筐、657部。贞观十九年（公元645年）玄奘回到长安后，共译出经、论75部，1335卷。

"程门立雪"中诚心求教学问的精神值得我们学习。

❧ 学而习之

宋代著名理学家杨时7岁能写诗，8岁能作赋，15岁时攻读经史，人称"神童"。

有一天，杨时与他的学友游酢为了求得一个正确答案，冒雪赶到程颐老师家请教。适逢老师坐在炉旁打盹，他俩就恭恭敬敬待立在门外，等候老师醒来。程颐一觉醒来，从窗口发现了待立在门外的杨、游二人，二人通身披雪，脚下的积雪已一尺多厚了，程颐赶忙将他俩迎进屋里。

杨、游二人的行为感动了老师，程颐耐心为他们解说。后来，杨时真正学到了老师的学问，成为"程学正宗"。

自此，"程门立雪"的故事成为诚心求教的千古美谈。

1.读了上面的故事，想一想，如果你有问题要请教老师，遇到老师正在忙别的事情，你会怎么做？

2.如果上课时有一道题老师讲错了，你会怎么做？你会用什么办法告诉老师？采访一下其他同学遇到相同的情形会怎么办。比较一下，谁的方法更得当。

❧一 融会贯通

"韦编三绝"的由来

孔子到了晚年，特别喜欢《易经》。

《易经》文字艰涩，内容隐晦，一般人往往读不进去，可孔子反复诵读，坚持不断，不仅要读进去，而且要读懂为止。

那时的书是用竹简或木简写成的。由于孔子反复研读的次数太多了，竟使穿连木简的皮条断了三次。即使读到了这样的程度，孔子还说："假如让我多活几年，我就可以完全掌握《易经》了。"

后来，人们用"韦编三绝"来称颂孔子勤奋好学的精神。

学海求知真为岸

❀ 过目难忘

1896年，法国物理学家亨利·贝克勒尔从铀盐的实验中发现了天然放射性，指出铀是一种能放出射线的元素。这一发现，引起了居里夫人的极大兴趣。她和丈夫决心闯进这个领域。

他们借到一间寒冷潮湿的小工作间。屋顶漏雨，墙壁透风，没有一个工人愿意在这种条件下工作。但是居里夫人毫不在乎，专心做实验。经过大量艰苦的研究，居里夫人发现了钋和钍的化合物也具有放射性。她进一步检验了各种复杂的矿物的放射性，意外地发现在铀矿石中除了铀之外，还含有其他放射性更强的元素。不久，居里夫人和丈夫确定了铀矿石里含有两种未被发现的元素，他们把其中的一种元素命名为钋，另一种命名为镭。

为了得到纯净的钋和镭，居里夫人把数吨的沥青铀矿渣一锅又一锅地煮沸，并用棍子在锅里不停地搅拌，还要搬动很大的蒸馏瓶，把滚烫的溶液倒进倒出。就这样，经过3年零9个月锲而不舍的工作，1902年，居里夫人终于从几吨铀矿渣中提炼出0.1克的镭。

🎏 心中有数

居里夫人曾两次获得诺贝尔奖。她是巴黎大学第一位女教授，是法国科学院第一位女院士，同时还被其他15个国家聘为科学院院士。在她的一生中，共接受过7个国家24次奖金和奖章，担任了25个国家的104个荣誉职位。但居里夫人从不追求名利，她把献身科学、造福人类作为自己的终生宗旨。

🎏 学而习之

1. 诺贝尔奖共有五个奖项，分别是＿＿＿＿＿、＿＿＿＿＿、＿＿＿＿＿、＿＿＿＿＿、＿＿＿＿＿。

2. 镭是一种＿＿＿＿＿＿元素（填"金属"还是"非金属"）。镭元素的主要用途是＿＿＿＿＿＿＿＿＿＿＿＿＿。

3. 镭的化学符号是Ra，原子序数88，相对原子质量226，镭的质子数为＿＿＿＿＿，中子数为＿＿＿＿＿。

❧ 融会贯通

美国弗吉尼亚大学的诚信体系

"我以我的荣誉担保，我没有说谎、欺骗和偷窃。"这普普通通的一句话，凝结了所有弗吉尼亚大学学生最庄严的承诺。

学校平时的每份作业、论文或考试，在首页上部，都毫无例外有一段誓言：我以我学生的荣誉起誓，我没有为了这份作业、这场考试给予或接受任何的帮助。每个学生都需要将这段文字手写一遍，庄严地签上自己的名字。

学校有比较严格、完备的荣誉体系——荣誉法庭。执行者全由学生组成，每个学院选出两名代表成为学生法官。荣誉法庭铁面无私，一旦案情确凿，无论该生背景、家境、以往成绩、对学校的贡献如何，都必须在规定的时间之内离开弗吉尼亚大学。

二、治学之方

2500 多年前，先师孔子曾经告诉过我们治学之方：敏而好学，不耻下问。

敏而好学

❀ 过目难忘

诸葛亮少年时代从学于水镜先生司马徽。那时还没有钟表，为了记时，先生通过定时给鸡喂食，训练公鸡按时鸣叫。先生讲课的时间就以鸡鸣为准。

为了学到更多的东西，诸葛亮心想，若能把鸡鸣的时间延后，讲课的时间也就延长了。于是，诸葛亮就在鸡快叫时给鸡喂食，以此延长先生讲课时间。

先生发现后，开始很恼怒，但还是被诸葛亮好学的精神所感动，对他更关心、更器重，对他的教育也就更尽心尽力了。

❀ 心中有数

司马迁从小就立志要编写一部史书。他10岁时开始学习古文书传；20岁时，足迹遍及江淮流域和中原地区，考察风俗，采集传说；37岁时，开始撰写《史记》，后获罪下狱，受宫刑，出狱后继续发愤著书；54岁时，完成了一部辉煌巨著——《史记》。

《史记》是中国历史上第一部纪传体通史，记载了从黄帝到汉武帝太初四年约3000年间的历史。全书共130篇，52万字。鲁迅誉之为"史家之绝唱，无韵之《离骚》"。

❀ 学而习之

1. 司马迁20岁时开始游历全国，为撰写《史记》积累了大量史料。请你通过查阅图书或网络资料做个小调查：司马迁具体游历过哪些地方？

2.司马迁撰写《史记》大约历经了多少年？有几种说法？请你考证一下。

❀ 融会贯通

杂交玉米之父李登海

自小在山东省莱州市后邓村长大的李登海，天生聪颖好学，对玉米育种有着深深的情结。1972年，年仅23岁的他，就把培育高产玉米新品种作为自己毕生奋斗的目标。

专业理论贫乏，怎么办？从零起步，发愤学习！

为此，他借阅、购买了大量的书籍，分秒必争地读书学习。书刊总是装在口袋里，在田间地头，哪怕只有一两分钟的时间，他也要看上几眼。有时学得入了迷，有熟人喊，他都听不见。晚上点着煤油灯，经常学到深夜一两点。一天夜里他搂着书睡着了，睡梦中将煤油灯碰倒，差点儿引起一场火灾。

他还经常向有经验的老农和有关专家请教，顶着三十几度的高温在玉米地里观察记录；有时在地里一蹲就是几天几夜。

几十年如一日，李登海终以自己的勤奋和智慧为我国玉米增产做出了巨大贡献，成为"中国紧凑型杂交玉米之父"和世界夏玉米高产纪录的保持者。

不耻下问

过目难忘

　　杰出的爱国工程师詹天佑在修筑北京到张家口铁路的日子里，日夜奋战在工地上。他每到一处工地都要先请教当地的农民，哪里要开山、架桥，哪里要把陡坡铲平、弯度改小等很多问题，他都要与当地老农、施工工人反复讨论，然后再组织施工。

　　八达岭隧道长1100多米，他正是通过请教老工人，才决定采用中部凿井法施工，大大缩短了工期，使京张铁路——这条由中国人第一次自己设计施工的铁路，比计划时间提早两年竣工通车，为中国人争了一口气。

心中有数

　　明代医学家、药物学家李时珍为了编写《本草纲目》，走了上万里路，倾听了千万人的意见。他每到一地就虚心向当地人请教，其中有采药的、种田的、捕鱼的、砍柴的、打猎的，通过他们了解各种各样的地方药物。他参阅了800多种书籍，历时27年，终于在六旬之际写成《本草纲目》一书。

学而习之

　　1.在班级或年级中做调查：平时遇到问题时，如果经过深入

思考仍然不能独立解决，你会怎样做？【可多选】

> 不耻下问是有智慧的表现。

    A. 向同学请教

      B. 向老师请教

    C. 向家长请教   D. 向书本请教

    E. 向社会专业人士请教   F. 从不请教

2. 自己做完作业后统计一下，有多少题是自己独立完成的，有多少题是请教同学老师后完成的。

❦ 融会贯通

不耻下问的孔圉

卫国大夫孔圉死后，国君赐给他"文公"的称号，以号召和引导后人学习他好学的精神。

孔子的学生子贡问孔子："孔圉的学问及才华虽然很高，但是比他杰出的人还很多，凭什么赐给孔圉'文公'的称号？"

孔子听了微笑着说："孔圉有任何不懂的事情，就算对方地位或学问不如他，他都会大方而谦虚地请教，一点儿都不因此感到羞耻，这是他难得的地方。因此'文公'的称号他当之无愧。"

三、虚假之害

　　写作业是巩固课堂知识的有效方法。但有的同学对写作业的认识不够正确，经常投机取巧抄袭作业。更有甚者，考试作弊，弄虚作假，自欺欺人。这不仅践踏了公平，玷污了诚信，也是对己对别人最大的不尊重。

令人担忧的"抄写之风"

✿ 过目难忘

案例一：

地点：某市城东麦当劳店内

时间：上午7：00

一群中学生三三两两地凑在一起埋头写作业。有的在做语文，有的在做数学，有的在做英语……

30分钟后，他们相互交换作业本，并拿出事先准备好的另外一本同样的本子，抄写对方刚刚写完的作业。

案例二：

地点：某市永和大王快餐店内

时间：周六上午11：30

十几个学生占据了餐厅角落里的3张桌子，每人都叫了一份饭，放在眼前。每张桌子有1～2名同学在埋头做试卷作业，另外几名则慢慢地吃着午饭。

半小时后，做完试卷的同学开始一边吃着饭，一边读着自己的试卷作业答案。

刚才吃午饭的同学则放下手中的碗，拿起笔来，一边听答案，一边在试卷上涂写起来……

❈ 心中有数

一项针对高中生完成作业情况的调查数据显示，很多学生经常抄作业，抄作业已经成为中小学生中比较普遍的现象。

作业完成方式统计表

作业完成方式	独立完成	部分抄袭	全部抄袭
人数比重（%）	38	60	2

❈ 学而习之

抄写作业，坑害的是自己！

1. 回忆一下自己的学习过程，

是否有抄作业的行为？

2.对自己抄作业的原因、行为和结果进行分析，从学习知识和培养人格的角度写一篇短文：《抄写作业危害大》。

🌸 融会贯通

手捧空花盆的孩子

从前有一位国王，因膝下无子，决定挑选一个孩子收为义子。他召集来一些孩子，发给他们一些种子，并告诉他们，谁若能用这些种子培育出最好看的花朵，谁就能成为他的义子。

有个叫雄日的男孩，特别用心培育，但种子怎么也发不出芽来。

观花选子的日子到了。参选的孩子们捧着自己培育的花朵争相让国王查看。雄日捧着没有发芽的空花盆，眼角还挂着泪花儿。

国王走过来问他："你为什么端着空花盆呢？"

雄日说："我精心培育您给我的花种，可它连芽也没发。"

国王兴奋地高声说："孩子，我找的就是你！"

原来，国王发下的花种全是煮过的，根本不可能发芽开花。

抄作业的多种危害

❧ 过目难忘

一次，英语老师发现有几个学生把还没有学过部分的习题全都做完了，而且答案全对！经验告诉她，这些同学的作业可能是照参考答案抄的。

调查结果验证了老师的猜测。原来，其中一个学生在做完老师布置的作业后，心想：如果现在接着做完后面的习题，以后老师布置作业就不用做了。可是，没有学过的知识怎么会做呢？于是就翻开答案抄起来。他的做法被其他几个同学看见了，在偷懒和盲从观念支配下，这几个同学也跟着一起抄了起来。

❀ 心中有数

艾宾浩斯是德国著名的心理学家。他的主要贡献之一就是绘制出了著名的"艾宾浩斯遗忘曲线"。人的记忆力再好，遗忘也是不可避免的，但从什么时候开始遗忘的？怎样减少遗忘？何时复习效果最佳？通过遗忘曲线就一目了然了。

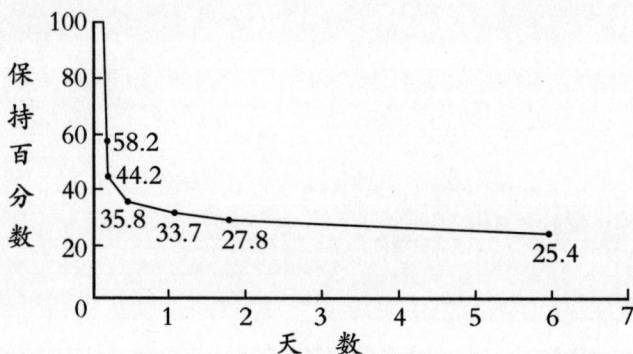

艾宾浩斯遗忘曲线

在学习完某一知识后，遗忘就开始发生，尤其在起始阶段遗忘的速度较快。具体遗忘的速度情况见下表：

艾宾浩斯曲线遗忘规律结论表

学习后的时间	20分钟	1小时	8小时	24小时	2日	6日	31日
记住率（%）	58	44	36	34	28	25	21
遗忘率（%）	42	56	64	66	72	75	79

显而易见，复习的最佳时间是学习知识后的1～24小时，最晚不超过2天，在这个区间段内稍加复习即可恢复记忆。过了这个区间段，因已遗忘了所学知识的72%以上，所以复习起来就事倍功半。今后我们要有意识地运用这一规律，在记忆的内容遗忘掉之前就再次复习。其中，及时写作业就是很好的复习方式。

❀ 学而习之

> 思考一下，我们应该如何杜绝抄袭作业的行为？

1. 对于抄作业的行为，以下两位同学说出了自己的看法。

A同学说："我认为抄作业的行为是不尊重老师的劳动，老师辛辛苦苦地讲课、指导我们，我们却抄袭作业，这种行为是不能原谅的……"

B同学说："如果作业少、难度小的话，我们也就不会抄作业了。我们知道老师辛苦，但也是老师布置作业不当才导致我们这种行为的。所以，抄作业也不能全怪我们！"

针对这两种观点，你是怎么看的？

2. 了解一下大家抄作业的原因有哪些，然后思考：我们可以通过什么样的方式减少和杜绝抄袭作业的行为。

❀ 融会贯通

自己的作业自己做

一般来说，作业题都是老师精心选择、科学安排的。老师布置作业的目的，一方面是督促学生利用课余时间看看书，巩固课堂上学到的知识；另一方面是检验学生对所学知识的掌握程度，并以此来合理地调节教学方式方法或进度。

学生在完成作业的同时，既温习、巩固了旧知识，又为新知

识的学习做好了铺垫；既培养了独立思考的自学能力，又增强了
战胜困难的决心和勇气。自己经过苦思冥想解决问题，那种成功
的喜悦是难以言表的。

如果不肯自己动脑思考，不肯独立完成作业，久而久之，在
养成惰性的同时，必将荒废学业，那将是多么可悲啊！

考试作弊损失大

❀ 过目难忘

哈佛大学2012
年5月曝出丑闻，学
校120多名学生涉嫌
在春季学期期末考
试中作弊。

经过调查，将
这次集中作弊事件
定性为：学术上的
不诚实——从不适宜的交流答案到彻头彻尾的抄袭。

哈佛文理学院院长史密斯向所有学生发送了一封电子邮件，
宣布了决定：作弊情节严重的学生离校，作弊情节较轻的学生被
处以留校察看的责罚；两名参与作弊的学校篮球队联合队长被解
除职务。

心中有数

2001年，广东省电白县发生高考舞弊案，6名被告被判刑。

2006年，黑龙江省8名高考作弊者被判刑。

2006年，中央民族大学发现美术学院5名新生的专业考试请人代考，作弊入校。学校依据有关规定，取消了5人的入学资格，退回原籍。

学而习之

1. 查阅本地近几年招生单位对于考试作弊行为的处罚措施，与大家交流自己的想法。

2. 考试作弊带来的“收益”一般只是虚荣心的满足，付出的代价却是诚信品德的沦丧。在关键的升学考试中，考生一旦被发现作弊，会被直接取消考试资格，这会影响一个人的命运轨迹。

思考一下，考试作弊还有哪些“收益”与代价？你会如何取舍？

3. 制订一份《诚信考试公约》，与全校同学一起遵守。

❀ 融会贯通

古代科场舞弊之刑罚

古代对科场舞弊者的惩罚措施主要有以下四种：

一是枷号示惩，又称枷号示众。凡临场冒籍、顶替、夹带、抄袭者，一经查出，立即由提调戴上枷锁在考棚外示众。

二是斥革。生员一旦违反考场纪律，生员功名立即被革除。

三是杖责。舞弊情节严重者，要动用刑罚。

四是发配。冒名顶替、重金雇请、舞弊情节恶劣者，发配充军。

重诺守信篇：诚是连心桥

一、诚是生命的基本元素

墨子曾说过："志不强者智不达，言不信者行不果。"我们知道，诚实是一种美德，一诺千金，恪守信约是举世敬重的人格特征。但我们或许不知道，诚实还关乎生命和生存的质量，从每一个人到整个社会，诚实已经成为基本元素，变得不可或缺。

"良心反抗原理"

❧ 过目难忘

2011年5月7日，山西省发生一起7岁女孩徐某失踪案。警方对嫌疑人张某进行了全面调查，他拒不认罪，案情陷入僵局。

警方请来测谎专家参与其中，采用声纹测谎的方法对嫌疑人张某进行测试。尽管张某神情自若，百般为自己开脱，但测试结果显示，张某在作案地点、使用作案工具等诸多问题上存有明显的说谎心理。

警方以测试结果为依据，对嫌疑人张某再次审讯。最终，嫌犯的心理防线崩溃，对犯罪事实供认不讳，案件得以侦破。

❈ 心中有数

某研究机构将110名18～71岁的参试者分成两组，进行为期10周的跟踪调查。要求第一组参试者10周内不说谎话，第二组则无任何要求。

10周后的调查结果显示：第一组参试者每周说谎次数比平时减少3次，心理问题减少4次，身体健康问题减少3次，心态更加自信、坦然，人际关系更加融洽；而第二组人员的变化则不大。

❈ 学而习之

人在撒谎的时候，大脑皮质刺激肾上腺分泌出少量肾上腺素，会使面孔发热发红。同时，撒谎时体内会释放出压力荷尔蒙，使心率和呼吸加快，消化减慢，非常不利于健康。因此，同学们要做诚实守信的人。

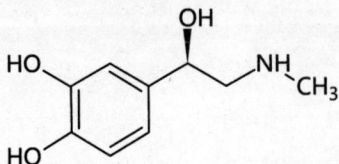

1. 肾上腺素的化学式是 $C_9H_{13}O_3N$，其相对分子质量是_____，氮元素的百分含量是_____。

2. 肾上腺素是_____（填"有机物"还是"无机物"），属于_____（填"烃"还是"烃的衍生物"）。

3. 药品肾上腺素在中性或碱性溶液中迅速氧化而呈红色或棕色，活性消失，故使用时应注意什么问题？

融会贯通

"良心反抗原理"

生理学和心理学研究表明，一个人在撒谎时，瞬间会心跳加速，血压升高，主要表现为脸红、神情慌张、语无伦次等。这种普遍存在于人们身上的现象，我们称

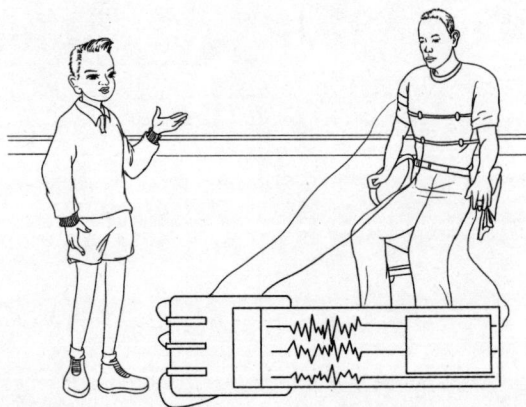

为"良心反抗原理"。根据这一原理，科学家们研制出了测谎仪。测谎仪通过测定人的脉搏、呼吸、皮肤电阻、脑电波、心电图、

表情变化等一系列指标，判断一个人是否说了谎言。

随着科学技术的发展，科学家研究出了磁共振、微表情、语言分析等现代化的测谎仪器，并被广泛应用到公共安全、心理学研究等领域。

不守诚信危害大

☜ 过目难忘

2010 年 4 月 6 日，肯德基推出一项当日三个时间点在网上"秒杀"拍卖活动，为成功拍得的100位用户发放五折电子优惠券，复印有效。

此消息一出，大量五折电子优惠券在市场出现，真假难辨。肯德基决定停止活动，声称部分消费者手中持有的优惠券为假券，以此为由拒绝所有五折优惠券。

当晚，北京、上海、南京等城市部分肯德基店遭遇顾客围堵。接下来几天，很多地区的肯德基店停业。一些备感失望的顾客甚至要将其告上法庭。

❀ 心中有数

2002年，国家统计局调查显示，我国普通企业因不讲诚信造成的无效成本占销售收入的14%。而在常规情况下，一个普通企业的平均利润率仅为4% ~ 20%。二者比较可看出，因失信造成的损失之大。

2008年中国消费者协会统计，消费者对厂商不诚信行为的投诉达130万件，因虚假产品等造成税收损失高达250亿元。有些假冒劣质商品对消费者生命健康构成直接威胁，如三鹿奶粉共造成29万婴幼儿不同程度的尿路系统结石，6名婴幼儿死亡。

❀ 学而习之

> 算一算小方行为的得与失。

小方喜欢看书，班里图书角和同学手中只要有好书、新书他就借来看。可是有的书真是看一遍不过瘾，于是小方就把喜欢的书据为己有……

1.得到了这么多好书，小方是不是赚了呢？他是否丢掉了某种更重要的东西呢？

2.俗话说"小时偷针，长大偷金"。设想一下，长此以往小方的成长会受到什么影响？

❀ 融会贯通

放大生命中宝贵的元素——诚

诚是人的善良本性。诚就是有诺必践，言必信，行必果。

诚是最简单的事，也是最难的事。一个人说真话，守信用，一点儿也不难；一生不说假话，不食言，的确不容易。

有的人心静如水，始终如一，百分之百地诚信。这样的人，是真正的人。

有的人昧着良心，换取利益，魂不守舍地度日。这样的人，一半是人一半是鬼。

有的人背信弃义，不择手段，出卖了全部良心。这样的人，已完全变成鬼。

无论富贵还是贫穷，无论伟大还是平凡，只要有了诚，人生就有了底气。

无论人的生命以何种方式存在，只要放大最宝贵的元素——诚，人的生命就大气、自然、健康、可贵。

诚

诚者 天下之道也

诚之者 人之道也

重诺守信益处多

❀ 过目难忘

　　几位日本摄影师来到尼泊尔的喜马拉雅山南麓采风，请当地一位少年代买啤酒。这位少年翻山越岭，跑了3个多小时才买回来。

　　第二天，摄影师们让他买10瓶啤酒，并给了他更多的钱。但直到第三天下午，少年也没回来。大家猜想，他一定拿钱跑了。

　　当晚，少年回来了。原来，少年只在前天的那家商店买到4瓶啤酒。于是，他就去更远的另一处商店买剩下的6瓶。由于路途遥远，路上不慎摔坏了3瓶。

　　少年哭着把带回的啤酒和碎玻璃片以及找回的零钱一分不少地交给了摄影师们。

❀ 心中有数

　　人无诚信不立，商无诚信不胜。诚信是商业之本，是企业之魂。

截至2013年7月底，上海已有近1.5万家企业加入了"企业诚信创建活动"的行列。2013年5月，宁夏500家餐饮单位加入"守卫舌尖安全行动"，餐饮单位法人代表在宣言上签字，向社会公众做出郑重承诺，用诚信自律为食品安全保驾护航。

据有关方面统计，每年我国企业因为诚信缺失造成的经济损失超过了6000亿元。2014年，国家发改委启动了国家统一的信用信息平台的规划建设工作。

❀ 学而习之

阅读短文，回答问题。

16世纪末，荷兰船长巴伦支带领17名船员开辟新的航海路线。当经过地球上最冷的北极圈时，船驶进浮冰里，前行与返航都不可能，只好把船停靠在岛屿旁边。

巴伦支船长和水手们度过了8个月漫长的冬季。在恶劣的险境中，8个人死去了。然而，他们却丝毫未动别人委托他们运送的货物，其中就有他们维持生命所需要的衣物和药品。

后来，他们这一做法震惊了整个欧洲，也给荷兰带来了巨大的利益，那就是赢得了海运贸易的世界市场。

1. 船长和水手们的做法给我们培养诚信的品行带来了怎样的启示？

2. 以"生命与诚信"为题，和同学展开一场辩论赛，探讨它们孰重孰轻。

✿ **融会贯通**

诚，可使你生活得更好

第一，诚实可以使人更加健康。养生的真谛在于平衡自己的心理。撒谎、违心则气血不顺，容易生病；诚实可使人心态坦然、平和，久之则利于健康。

第二，诚实可以拥有更多朋友。诚实的微笑最灿烂、最具魅力、最能打动人心，诚实的劝告可以使朋友动情地落泪，使心与心贴得更紧。每个人都希望交到诚实的朋友，没有人愿意与奸诈的人相处，即使是一个不诚实的人。

第三，诚实可以助人走向成功。诚实地学习可以获得丰富的知识和良好的素质，诚实地劳动会取得他人的认可和肯定，使威信越来越高。诚实的品格，会一传十、十传百，使自己的形象越来越好。以诚待人，以诚干事，事业会越做越出色。

二、诚信是最好的人格品牌

华盛顿曾感言："自己不能胜任的事情，切莫轻易答应别人；一旦答应别人，就必须实践自己的诺言。"一个从不食言的人，人们便会把"诚信"的品牌奖励给他，成为他人格的标签。有人说这个标签比黄金还贵，比生命还重……

诚信的约定

❀— 过目难忘

1960年的一天，出差在外的杨为之痔疮发作，疼痛难忍，他就近来到了黄济川痔瘘医院做了手术。手术后，他难为情地向医院说自己钱不足，并承诺今后一定还上。医院答复："出门在外

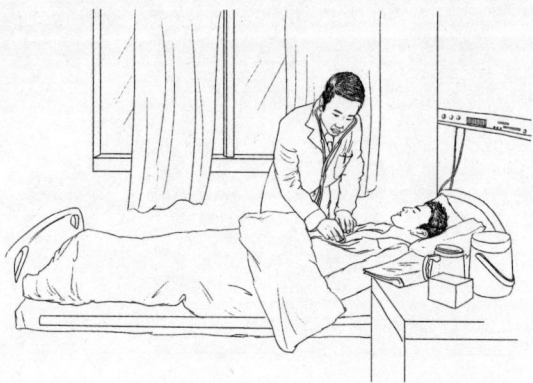

不易，等你有钱了再给吧。"

回到家后，他一直记着还钱的事。但由于医院已经搬迁，虽多方打听，一直没能取得联系。

2009年，当杨为之得知现在成都肛肠专科医院就是当年的黄济川痔瘘医院时，他马上与院方取得联系，当即汇去5000元钱。

心中有数

2010年，某大学通过随机抽样，对在校本科生进行日常生活诚信状态调查。

调查显示：受访学生自身能够"完全做到诚信"的仅有13.6%，"大部分情况下做到诚信"的学生占85.3%，而"较少和几乎不能做到诚信"的学生占1.1%。

而在人际交往中，52.3%的同学表示"非常看重他人的诚信"，45.9%的同学"比较看重他人诚信"，而"不太看重或不看重他人诚信"的同学仅占1.8%。

学而习之

1. 设计一份诚信问卷，在学校展开一项调查，看看大家在交友过程中，看重他人的诚信的人会占多大比重。统计分析调查结果，并与同学交流自己的认识和感想。

2.你有没有失信于朋友或朋友失信于你的经历？谈谈当时你的感受以及这段经历对之后两人关系的影响。

❀ 融会贯通

千两黄金归原主

清朝时，苏州吴县有个叫蔡璘的商人，以重承诺、讲信义著称。

一位友人在他家寄存了一千两黄金，没有立下字据。不久，友人去世了，蔡璘把友人的儿子叫到家中，归还友人生前存放的一千两黄金。友人的儿子非常惊讶且不肯接受，说："哪有寄放了金子而没有立字据的呢？况且我父亲从来没有跟我说过这件事。"

蔡璘笑着说："字据存放在心中，不在纸上。"说完推车将金子送还给友人的儿子。

失信的歉疚

❧ 过目难忘

　　从前，济阳有位商人过河，船沉了，他抓住一根大麻秆儿，大声呼救。

　　这时，有位渔夫闻声而至。商人急忙喊道："我是富翁，若能救我，给你100两黄金。"

　　被救上岸后，商人只给了渔夫10两黄金。

　　这位商人说："你一个打鱼的，一生挣不了几个钱。突然得10两金子，还不满足吗？"渔夫怏怏而去。

　　谁曾想，不久，这位商人又一次在原地翻船。

　　结果无人施救，商人淹死了。

❧ 心中有数

　　某毛毯加工厂接到2000条毛毯的订单，要求毛毯的尺寸是180厘米×220厘米，每平方米重0.3千克，这样算下来，一条毛毯应重约1.19千克（1.8×2.2×0.3）。客户允许正负有15～20克的偏差，所以这条毯子至少应重1.17千克。

为了多挣一些钱，毛毯加工厂老板私自减少毛毯的重量，从0.3千克/米²改为0.25千克/米²，这样一条毛毯的实际重量是0.99千克，和客户要求的每条重量相差0.2千克。

交货的时候，客户发现了这一问题，根据合同拒收这批毛毯，损失当然也由毛毯加工厂自己承担。

❧ 学而习之

> 信用是一种无形之财。

1. 制做每条毛毯的成本为150元。请你根据上面提供的数据算一算，毛毯加工厂因失信至少造成多少经济损失？这个工厂除了经济上的损失，还会受到哪些损失？

2. 麻省大学的费尔德曼教授说："如果你问别人说不说谎，他们通常会答：'不，我从不讲大话。'或者说：'只出于善意。'但如果你这一天细心观察自己的行为就会发现，真相其实是另一回事。"

请同学们细心观察自己一天中说了几次谎，都是在什么情况下说的，说谎之后你的内心有什么感受？

❋ 融会贯通

说谎影响人的健康

研究发现，普通人每天说谎25次，人类从3岁起就开始说谎。

研究人员曾用9名志愿者做过一个实验，要求6人用玩具枪射击后撒谎说没有开枪，另外在一旁观看的3人如实说出看到的情况。

实验发现，说谎人的大脑正前部、中下部、中央前部、海马区、中颞区和大脑边缘区等7个区域发生活动，讲实话者大脑中只有额叶、颞叶和具有纹带的脑回等4个区域活动。

由此可知，说谎时大脑要付出更多的劳动，神经系统将受到不同程度影响，这不是人的意识可以控制的。

三、诚信是温暖家庭的阳光

诚信是一种优秀的品德，更是温暖家庭的阳光。从小培养孩子诚信的品德，让孩子养成说话算数的习惯，对孩子的为人处世是非常有益的。孩子喜欢模仿，易被暗示，家长的行为对其影响十分重大。想要孩子做到说话算数，父母首先要对孩子说话算数，做孩子诚信的榜样。

谎言破家和

❧ 过目难忘

一个小男孩找到了法官，生气地对法官说："我要告发一个大坏蛋。"

法官问小男孩："他给别人注射毒品，让一百万人都染上毒瘾了？"

"没有。"小男孩回答。

"他抢劫？谋杀？偷盗？"

"没有。"

"他打了他的妻子和孩子，致使他们每天都害怕他回家？"

"没有。"

"那么他踢了大街上的流浪狗？"

"也没有。"

"那这个坏蛋犯了什么罪？"

小男孩委屈地说："他答应过孩子一件事，却又说了不算数。他毁坏了一个孩子对他的信任，这个孩子每天崇拜地喊他'爸爸'。"

❋ 心中有数

《国际心理学杂志》一项研究结果显示，98%的中国家长承认，他们编造谎言以达到让孩子听话的目的。这一现象严重影响了孩子对家长的信任程度。

据某中学关于"自己对家长的诚信状况"调查显示：在问及"你是否会很坦诚地和你的父母交流"时，49.2%的学生选择"看情况，有一些事会说"，30.5%的学生选择"不会跟父母交流心事"，"有什么事情都会跟父母说"的学生只占20.3%。

❋ 学而习之

1. 对于自己的谎言，有些家长的解释是："当教育孩子时，用一些善意的谎言是可以的。它能够促使孩子朝好的方向发展，避免走上邪路。"

你认为这些家长的解释和想法合理吗？对于爸爸妈妈的谎言，你是怎样理解和看待的？

2.为什么我们会对家长撒谎？统计分析一下自己对家长撒谎的现象和原因，真诚地与爸爸妈妈交流你的思考和看法。

❀ 融会贯通

诚信是齐家之道

唐代著名大臣魏徵说："夫妇有恩矣，不诚则离。"就是说，夫妻要以诚相待、和睦相处，才能家和万事兴。若缺乏忠诚、互不信任，家庭便会崩溃。

美国著名心理学家戴维·艾尔金德认为：要想让孩子有教养，守道德，父母首先必须是一个诚实、正直、守信、正派、富有爱心的人。

孩子的世界是真实的，他们往往会以实际现象为自己效仿的对象。家长应时刻检点自己的言行，从日常生活中的点点滴滴做起，立说立行，率先垂范，为孩子树立诚实、守信的正面榜样。只有这样，诚信教育才能收到润物无声之效。

家长不诚，孩子不信

过目难忘

一天，孔子学生曾子的妻子去集市赶集，儿子哭着要跟着去，妻子就哄孩子说："你在家等母亲，回来后给你杀猪炖肉吃。"

孩子信以为真，就不再哭闹。

妻子回来，见曾子正在磨刀，准备杀猪，不得其解。

曾子说："大人的一言一行都会影响到孩子，如果我们说话不算数，孩子以后也会像我们一样，不信守承诺，欺骗他人。"

妻子听了无言以对。曾子果真把猪杀了，让妻子做了一顿美味的肉菜，孩子吃得津津有味。

饭后，曾子给孩子讲了其中的道理。从此，曾子的儿子变得更加懂事。

❖ 心中有数

中国青少年研究中心曾经在北京、上海等六省市做过调查，结果显示：43.8%的小学生和43.6%的中学生最渴望得到父母的信任，77%的小学生最不满父母说话不算数。

另一份调查显示：80%以上的父母认为自己能坚持对孩子守信，超过95%的小孩认为父母常常不履行承诺，对自己失信。

❖ 学而习之

1. 在"曾子杀猪"的故事中，妻子一句敷衍孩子的话，为什么在曾子心中如此重要？你对这一流传千年的故事有怎样的理解和认识？

2. 与爸爸妈妈制订一份《家庭诚信合约》，从今天开始做起，全家人一起信守承诺。

❖ 融会贯通

一家不"诚"，一国无"信"

家庭是诚信的细胞。每个人的道德培育首先是从家庭开始的，并伴随其终身。

家长不"诚"，孩子不"信"。

　　宋代有"岳母刺字"的故事，近代流传着"陈阿尖母亲纵子成偷，终究自食其果"的故事。这两个故事，从正反两方面告诫我们，家庭对一个人的道德培育和健康成长起着至关重要的作用。家庭的诚信做不到，社会这个大家庭诚信的实现也只能是海市蜃楼。

　　一家"诚"不立，一国哪来"信"？

　　唯有成千上万的家庭至诚至信，全社会才能充满活力，健康向上。

四、无诚难立身

诚者，成也！无诚则无成也！人有了诚信，才能有朋友，有了朋友，才能干成事业。一个没有诚信的人，不仅没有朋友，连家人也会鄙视他，自己的心也会时常处在惶恐之中……

诚信是金

❧ 过目难忘

日本餐饮业有个不成文的规定，餐馆的盘子必须用水冲洗七遍。

洗盘子是按件计酬的。有一个中国留学生，每次洗盘子时都少洗一两遍，劳动效率大大提高。

一次抽查中，老板用专用试纸测出盘子的清洗程度不够，便说："你是一个不诚实的人，请你离开。"

为了生计，他又到其他餐馆应聘洗盘子，但再也没有老板用他。房东要他退房，原因是他的名声会影响其他住户。学校也要他转学，因为怕他影响了学校的生源。万般无奈，他只好收拾行囊，搬到另一座城市，从头开始。

心中有数

"洗七遍"是日本餐馆盘子清洗的一个标准。表面上看，盘子洗五遍和洗七遍没有什么区别，但用眼睛看不出来并不等于可以无视标准。比如，现在宾馆中规定，服务员清理房间时对不同的物品要用不同的毛巾擦拭。试想，假如服务员为了省事，用擦过其他物品的毛巾擦杯子，会是什么结果？餐具不消毒就直接给客人用又会怎么样？这些都是客人难以看出来的，但这种情况一旦被客人发现，宾馆就会声誉扫地，损失也将难以挽回。

诚信带来的价值或者损失究竟有多大？你能算清楚吗？

❀ 学而习之

1.日本餐馆洗盘子的标准是"洗七遍"，少洗几遍虽然肉眼看不出有什么差别，但实际上盘子上残余的洗涤剂含量却有很大的不同。

洗盘子看似简单，但其中的学问可真不少。

（1）日常生活中为了更好地保证盘子上的洗涤剂被冲洗干净，可以采取什么措施？

（2）洗涤剂大多是呈碱性的，你能想办法检测一下盘子上的洗涤剂是否冲洗干净了吗？

（3）洗涤剂可以使盘子上的食用油以细小液滴的形态分散在水中，形成不易分层、比较稳定的混合物，这种现象叫做_____。

2.市场上用的盘子多为陶瓷盘子，传统陶瓷是以黏土等天然硅酸盐为主要原料烧制成的。关于陶瓷：

（1）盘子易碎，这属于盘子的_____（填"物理性质"还是"化学性质"）。

（2）查阅资料，了解现代新型陶瓷材料的种类及其优点。

❀ 融会贯通

今天我们怎样讲诚信

诚实守信作为一种传统美德，深深镌刻在中华民族五千年的文明史上。

"一诺千金""一言九鼎""一言既出，驷马难追"，这些千古流传的名言，至今依然是我们为人处世的座右铭。

今天，我们为诚所赋予的时代内涵，就是要以实事求是为核心，以爱岗敬业、诚实守信、办事公道、遵纪守法为主要内容，以忠诚事业、诚实劳动、诚信待人为着力点，使其成为全社会各类人群、各个行业共同遵守的职业道德。

忠诚事业。敬重所从事的事业，珍惜工作岗位，发自内心地热爱自己的工作。以事业为重，把自己的工作与单位、地区、民族、国家的发展紧密相连，与事业同命运，共兴衰。

诚实劳动。一是要勤奋学习，不断提高自己的劳动本领和工作技能；二是要出力实干，有一份热发一份光；三是要奉献真实的劳动成果，不掺杂使假，不揽功诿过。

诚信待人。在与他人交流的过程中，说老实话，办老实事，以诚相见，以信相处。

无信不立

❧ 过目难忘

西周末代君王周幽王为博宠妃褒姒（bāo sì）一笑，点燃骊山烽火。诸侯见烽火燃起，急忙调兵遣将，火速赶往骊山，然而却白跑了一趟。褒姒见了诸侯们狼狈的样子果然一笑。

后来周幽王被犬戎围困骊山，再次点燃烽火，诸侯们以为又是捉弄，不予理睬，致使幽王命送九泉，西周灭亡。

周幽王失信于诸侯博得美人一笑，不但赔上了性命，更把大好河山拱手送人，付出了惨重的代价！

❧ 心中有数

晋文公攻打原国，只带了可供10天用的粮食，于是和大夫们约定以10天为期限，攻下原国。

可是10天过去了，却没有攻下原国，晋文公便下令收兵回国。群臣劝谏说："再有3天就可以攻下原国了，请国君再等待一些时日吧！"晋文公语重心长地说："我跟大夫们约定10天的期限，若不回去，会失去我的信用啊！为了得到原国而失去信用，我办不到。"

原国的百姓听说这件事，都说："晋文公这样讲信义，怎可不归附于他呢？"于是原国的百姓纷纷归顺了晋国。

❧ 学而习之

1. 晋文公用3天换来的是什么？思考一下其中的缘由。

2.周幽王"烽火戏诸侯"失信于诸侯们的故事流传至今。古代交通不便,一有敌情,守烽火台的士兵白天就点燃狼粪,一缕缕白烟直冲云天,所以古代的人把外敌侵略叫做"狼烟四起";夜里则燃起火把,远处见到火光冲天,也知道发生了军事情况。

(1)火把的燃烧属于_____(填"物理变化"还是"化学变化")。

(2)"狼烟四起"中的"烟"属于_____(填"固体""液体"还是"气体")。

(3)烟和雾都是化学变化的现象,烟与雾有什么区别?

3.关于燃烧,你了解多少?

(1)燃烧的时候通常会伴随的现象是_____、_____。

(2)可燃烧物燃烧必须同时满足两个条件:_____、_____。

(3)如何促进物质燃烧?

✿ 融会贯通

民无信不立

《论语·颜渊》中有这样的记载。子贡问孔子治理政事的方法,孔子回答:"足食,足兵,民信之矣。"子贡进而问之:"必不得已而去,于斯三者何先?"孔子答道:"去兵。"子贡

又问："必不得已
而去，于斯二者何
先？"孔子答道：
"去食。自古皆有
死，民无信不立。"
　　孔子认为，相
对于完整的军备、
充足的粮食来说，
让人民相信国家更为重要。生死是人之常情，但没有信用，个人
在社会上无法立足，国家无法赢得百姓的支持。失去了百姓的支
持，国家离灭亡就不远了。

孩子，我为你的诚实而高兴

❀ 过目难忘

　　一位庄园主的儿子想试试爸爸送给他的斧子有多锋利，他举
起斧子向小樱桃树砍去，小樱桃树被拦腰砍断。
　　庄园主发现小樱桃树被砍断，顿时大发雷霆。躲在房间里的
儿子想，如果我不承认，则会错怪别人；如果我承认了，则要受
责备，可能还会挨打。他犹豫了好一会儿，终于走出来低着头说：
"爸爸，树是我砍的。"
　　庄园主问明了情况，不但没有责备他，还意味深长地说：

"孩子，我为你的诚实而高兴。做人首先要诚实，这比100棵樱桃树还要宝贵。"

🌸 心中有数

　　1996年秦池酒厂凭借巨额广告投入带来了"惊天动地"的效益，销售额由上一年的7000万元跃升到9.5亿元。然而，秦池酒厂勾兑白酒这一缺乏诚信的事实公开后，秦池酒厂大败。

　　位居"世界500强"第七位的美国安然能源公司，2000年营业规模过千亿美元。2001年12月却宣布破产。调查发现，安然公司长期通过复杂的财务合伙形式掩盖巨额债务并虚报盈余，最终导致悲剧的上演。

🌸 学而习之

　　1.想象一下，如果这个男孩不承认自己砍了树，会是什么结果？这样的结果会对他的成长产生怎样的影响？

我们都要做一个诚实的孩子。

2.结合"心中有数"中的事例，用心算一算，失去诚实的损失会有多大？

✿ 融会贯通

6欧分里的商业诚信

不久前，我去德国一家超市选购一条领带。在结账排队时，我发现每位营业员都拿着一张照片对照每位顾客的脸，感到很奇怪。

当我把领带递过去时，营业员同样也将我好一番打量，然后把我请到了休息室。

工作人员真诚地向我道歉，并解释说：两天前的晚上，我曾经在该超市买过两包香烟，因电脑故障多收了我6欧分（折合人民币约0.5元），今天退还给我。并且告诉我，工作人员为了找到我，从监控录像中截取了我的照片，发到每个营业员手中。如果一年之内找不到，他们将把这钱捐到福利院。

虽然只有6欧分，但我真切感受到了德国人的商业诚信，也正是因为这6欧分，我对德国人又增添了一份敬重。

遵纪守法篇：没有规矩不成方圆

一、勿以善小而不为

　　当我们看到马路上的红灯，是否能够停下来？当我们与他人约定好时间，是否总是努力做到守时守信？当我们洗漱完毕时，是否关注过水龙头有没有拧紧？生活中，很多事情也许微不足道，但这些正是每个人都应该做的事。当点滴的善行成为每个人的习惯，我们的社会自然秩序井然、和谐美好。

红灯停绿灯行

❧ 过目难忘

　　某市一十字路口，当东西方向的红灯亮起时，一名中年男子骑着电动车由东向西快速驶向路中心，只听"吱"的一声，一辆由南向北行驶的小汽车在电动车前紧急停了下来，闯红灯的男子若无其事地骑了过去。步行的阿姨、骑三轮车的大爷……很多人在机动车间穿行，根本没意识到刚才的一幕有多危险。短短22秒时间，有8人闯了红灯。

✿ 心中有数

前不久，中央电视台《东方时空》栏目专门就行人闯红灯的问题进行了调查。从调查结果来看，有近八成的人曾经有过闯红灯的行为。

当被问到如何看待"别人都闯红灯，有个人却要等绿灯亮时再过"这种现象时，认为这种现象"令人尊敬，我也会跟着他这么做"的人占46%；认为"理应如此，我一直这么做"的人占28%；认为"令人尊敬，但自己该闯还是闯"的人占19%；而认为这种现象"太死板，不灵活，我不会像他这么做"的人占7%。

❀ 学而习之

1. 国内的专家对
交通信号等待时间的一项调查
显示：中国人等候红灯信号的忍耐
极限时长为90秒，也就是只要等待红灯的时间超过90秒，红灯
的作用就趋向于无效。而国外的学者做的统计显示，德国人对于
红灯的忍耐时间是60秒，英国人是45秒，美国人是40秒。

从数据不难看出，中国人对红灯的忍耐极限时间要长些。但
为什么在中国还有这么多人闯红灯呢？探讨一下其中的原因。

2. 有人说："中国车多路窄，抢红灯就是抢时间、抢资源。"你
怎样看待这一说法？把自己的观点与同学、家长和老师交流一下。

❀ 融会贯通

丹麦有良好的交通秩序

在丹麦，当孩子2岁半时即接受基本的交通安全教育，6岁
开始在学校接受较全面的交通安全教育，8岁时开始知道预防和
减少交通事故的手段和措施。

丹麦的交通非常发达。首都哥本哈根市区内几乎没有一个公路立交，但极少出现堵车的现象。城市主干道大都有2～3个车道，每个车道宽度为3.5米，比我国的稍窄，它同时还担负着道路停车场的任务。丹麦道路上的车流井然有序，基本上没有抢占车道超车现象，大家都比较遵守交通规则。一旦违反交通法规，将受到严厉的处罚。

丹麦总人口数量约500万，交通安全死亡事故从1970年的约2.4件／万人下降到2000年的约1件／万人。

规则关系大家的利益

❀ 过目难忘

德国一留学生设计了一个简单的实验。他在一个公用电话亭上，一侧贴上"男士专用"，一侧贴上"女士专用"，然后，站在一旁观察。一会儿"男士专用"这一侧电话亭排起了长队，等待打电话的男士们按照顺序一个接着一个打电话；而"女士专用"这一侧电话亭，由于德国女士外出活动较少，很长时间都没有一个人来打电话。即便是这样，也没有一个男士跑到贴着"女士专用"的电话亭打电话，他们继续秩序井然地在"男士专用"一侧排队。

❧ 心中有数

英国人无论大小事都会遵守秩序、礼貌排队。

英国人每月平均花53分钟排队等待超市结账，花43分钟排队等车，花35分钟排队在酒吧买酒，花33分钟排队在商场为商品买单。如果再算上去银行、邮局、公厕等排队等候的时间，每人每月还要再增加2～3个小时。

如果每人每天把这些事做全了，按照英国人的平均寿命推算，每个英国人一生要花169天即5个月2周零5天排队！

❧ 学而习之

人人都应自觉遵规守矩。

1.和父母联手统计一下自己家一周的排队情况，看看平均每人每天要花多少时间排队。

2.执着于排队的英国人看似"僵化"，但他们的美德值得我们敬佩和认真学习。了解自己周围更多能够体现优良美德的行为，和大家交流自己的感受和思考。

❀ 融会贯通

规则意识要从小培养

在瑞士，每个小学都要求孩子在教室门口写有自己名字的鞋架上放一双干净的鞋，从小事上开始培养孩子保持环境卫生的规则意识。

垃圾分类是公共规则，瑞士家长会不厌其烦地教孩子做，假如孩子忽略了一次，并有许多理由说"因为……"，家长会很明确地对孩子讲："没有因为，规则就是规则。"

《人民日报》曾报道过这样一个故事：一位在瑞士的中国人，有一次去公共厕所，听到隔壁卫生间有响声，过去一看，是一个小孩正在吃力地鼓捣冲水箱。原来这个孩子上完厕所要冲水，发现水箱坏了，试图修理，可自己又修不好，急得满头大汗。这位中国人很感慨：上厕所要冲水，这是一种社会最基本的规则，那个孩子能够自觉按照这个基本规则去做，说明这里的规则意识之高。

生活秩序井然，人与人之间和谐相处乃至社会稳定、国家安宁，都需要我们从自己、从小事开始——做一名自觉遵守规则的公民。

做一个守时的人

❊─ 过目难忘

英特尔公司规定员工早上8点上班，员工只要迟到5分钟，就得在公司的"英雄榜"上签名，该"英雄榜"将在全公司公示。

公司认为任何员工不守时，都会对公司资源造成浪费。有一次，董事长迟到了几分钟，也在"英雄榜"上留下了自己的名字。

硅谷的许多高科技企业，都给员工很大的自由度，但同样在硅谷的英特尔却逆势而行，实行了曾经"臭名昭著"的8点钟签到制度，上行下效，并由此将"严格的纪律"贯彻到底。"严守纪律"成为全球英特尔的共同文化，英特尔公司也被美国《财富》周刊评选为全球十大"最受推崇的公司"之一。

❊─ 心中有数

2012年8月10日，数字100公司专门就迟到问题对408名受访者进行了问卷调查。结果令人震惊：

1. 你是个爱迟到的人吗？   2. 你最长迟到过多久？

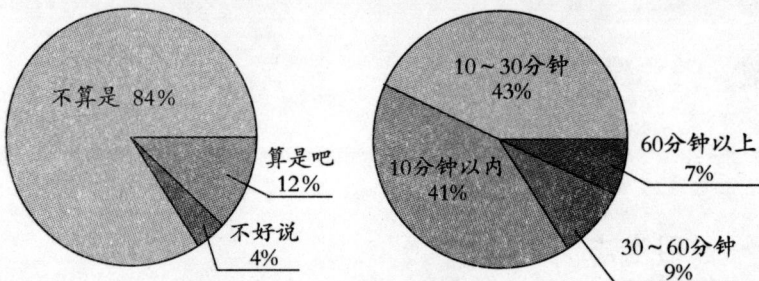

3. 你通常会在什么情况下迟到？

回答"堵车"的居首占52%，其他依次为"时间安排得有问题""速度慢了,磨蹭了""忘了时间""不太重要"和"习惯性迟到"。

4. 你怎么解释自己的迟到？

回答"交通问题"的最多占34%，其他依次"因为个人原因""不解释""意外事件"和"解释太多了,别人都不信我了"。

另据某校的调查显示，有84.9%的学生曾经迟到过，其中有18.6%的学生经常迟到。

🌀 学而习之

1.算一算。

你们学校总共有多少学生？如果按照上述调查数据算一算，你们学校有多少学生曾经迟到，有多少人经常迟到？

2.做一做。

针对学校生活的实际情况设计一份调查问卷，看看大家迟到的原因有哪些。尝试分析这些原因的合理性以及解决办法。

3.想一想。

某校就迟到的影响展开调查，当被问到"经常迟到是否会使一个人的生活变得懒散"时，有62.9%的学生认为会，21.9%的学生认为不会；当被问及"迟到是否会影响学习"时，28%的学生认为会。

想一想，为什么明知迟到对生活、学习有影响，还要迟到呢？

4.议一议。

想想守时对个人和集体的作用，制订一份《班级守时公约》，大家一起努力遵守。

融会贯通

准时是帝王的礼貌

守时是职业道德。如果去参加一项面试迟到了，不管有什么理由，都会被视为缺乏职业道德。

守时是遵守承诺。参加约会、会谈、宴会等活动都应正点准时到达或提前到达。

　　守时是素养的体现。因为特殊原因不得不失约，应该提前打电话通知对方，向对方表示歉意。

　　不守时没有任何理由。如果一个人跟你约好时间，却没准时到达，你会怎么想？事后任何的解释都无法把浪费对方的时间补回来。

　　德语中有一句话：准时是帝王的礼貌。愿我们人人都做守时的人，尊重他人，就是尊重自己。

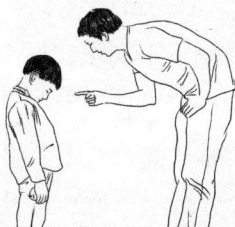

二、勿以恶小而为之

如果认为做一件小小的坏事不会对你产生什么不良影响，那你就大错特错了。针鼻儿大的窟窿能透碗口大的风，几乎所有犯大错的人都是从犯小错开始的。尤其是对未成年人来说，一定要谨记心中。俗话说"小时偷针，大时偷金"，千万要做到约束自我，洁身自爱！

打架斗殴成本高

❀ 过目难忘

一天，刘杰和凌飞来到一家咖啡店。喝完咖啡，刘杰说忘了带钱，让凌飞替他付了钱。第二天，刘杰又拉着凌飞去喝咖啡，结果他又说没带钱，让凌飞垫上。

"不是说好今天你还我钱的吗？"凌飞一脸的不快，"你咋说话不算数呢？"凌飞抽身要走。

刘杰抓住凌飞的衣服，挥拳就打。凌飞鼻梁被打断，左眼也受轻伤。

法院审理后认为，刘杰无事生非，随意殴打他人，情节恶劣，其行为已构成寻衅滋事罪，依法应当追究其刑事责任。

心中有数

公安民警算过一笔青少年"打架成本"：

500元罚款；

1500元医疗费（以住院3日为例，按每日500元计算）；

300元营养费、伙食费（按每日100元计算）；

100元交通费（住院、出院以及父母来回路费的总计）；

360元家长因陪护而少挣的工资（以一名家长陪护3日为例，按山东省2015年最低工资标准约每人每日120元计算）。

外加学校的处分、老师的批评、同学的疏远、父母的责备、身体承受的痛苦、心情郁闷、影响学校声誉……

✿ 学而习之

1. 小明将同学打伤，同学住院 10 日。请按上述青少年"打架成本"计算一下小明的经济损失。

2. 请举出 3 例同学间打架的事件，分析一下打架的原因，提出化解矛盾的方案。

✿ 融会贯通

对打架斗殴行为的处罚规定

《中华人民共和国治安管理处罚法》第二十六条规定：有下列行为之一的，处五日以上十日以下拘留，可以并处五百元以下罚款；情节较重的，处十日以上十五日以下拘留，可以并处一千元以下罚款：

（一）结伙斗殴的；

（二）追逐、拦截他人的；

（三）强拿硬要或者任意损毁、占用公私财物的；

（四）其他寻衅滋事行为。

《中华人民共和国刑法》第二百九十二条规定：聚众斗殴的，对首要分子和其他积极参加的，处三年以下有期徒刑、拘役或者管制；有下列情形之一的，对首要分子和其他积极参加的，处三年以上十年以下有期徒刑：

（一）多次聚众斗殴的；

（二）聚众斗殴人数多，规模大，社会影响恶劣的；

（三）在公共场所或者交通要道聚众斗殴，造成社会秩序严重混乱的；

（四）持械聚众斗殴的。

聚众斗殴，致人重伤、死亡的，依照本法第二百三十四条、第二百三十二条的规定定罪处罚。

另外，我国刑法第十七条明文规定：已满十六周岁的人犯罪，应当负刑事责任。

已满十四周岁不满十六周岁的人，犯故意杀人、故意伤害致人重伤或者死亡、强奸、抢劫、贩卖毒品、放火、爆炸、投毒罪的，应当负刑事责任。

已满十四周岁不满十八周岁的人犯罪，应当从轻或者减轻处罚。

因不满十六周岁不予刑事处罚的，责令他的家长或者监护人加以管教；在必要的时候，也可以由政府收容教养。

小偷小摸毁前程

🎋 过目难忘

陈某是一名高三在校学生，因长期沉迷网络游戏又苦于无钱，便萌生了盗窃的念头。

2012 年 6 月 22 日凌晨 3 时许，陈某在某小区推窗入室，将一户居民家中的一部苹果手机及 83 元现金盗走。事后，陈某将所盗苹果手机拿到手机修理店解锁后自己使用，引来很多同学羡慕的眼光，陈某十分得意。

第二天，警方就来到学校调查此事。陈某逃学躲避，后在亲属的劝说下投案自首。最终，陈某得到了应有的法律惩罚。

心中有数

2013 年 4 月 3 日发布的《关于办理盗窃刑事案件适用法律若干问题的解释》，对盗窃罪的数额及量刑标准进行了规定。其数额及量刑标准为：

个人盗窃公私财物价值一千元至三千元以上的，为数额较大，处三年以下有期徒刑、拘役或者管制，并处或者单处罚金；三万元至十万元以上的，为数额巨大，处三年以上十年以下有期徒刑，并处罚金；三十万元至五十万元以上的，为数额特别巨大，处十年以上有期徒刑或者无期徒刑，并处罚金或者没收财产。

✿ 学而习之

1. 盗窃1000元，处三年以下有期徒刑，你觉得值吗？是1000元昂贵还是光阴昂贵？请以"小偷小摸毁前程"为主题组织一次班会活动。

2. 设集合 $A = \{x \mid x$ 是未成年人$\}$，集合 $B = \{x \mid x$ 是违纪犯法人$\}$，求集合 A 与 B 的交集。

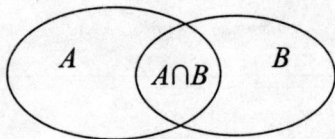

✿ 融会贯通

与"偷"字绝缘

小孩第一次偷东西并不可怕，可怕的是习惯成瘾。作为家长，一旦发现孩子有这种行为，一定要严肃处理，让孩子长记性，永远不要养成这种不光彩的习惯。

我10岁的时候，有一天，从学校回家，途经邻居家的果园，看见没人，就进去摘了几个苹果。父亲看到来历不明的苹果，一双犀利的眼睛盯得我心里发慌。他没有发火，只是很严肃地要求我马上将苹果还给邻居，并当面道歉。见我不愿去，父亲便二话不说，拽着我一起去了邻居家……

很多年过去了，我依然难忘那次经历。当然，也从此与"偷"字绝缘。

破坏公物受"鞭刑"

❧ 过目难忘

在校园里经常会痛心地看到这样的情景：

洁白的墙壁上赫然印着黑鞋印，

精美的宣传牌东倒西歪，

花坛内的月季花被拦腰折断，

卫生间新装的开关又碎了，

厕所刚换的门把手也残缺了，

……

心中有数

1994年，美国少年迈克·菲在新加坡旅游时，因破坏公物被新加坡高等法院判刑。时任美国总统的克林顿亲自出面向新加坡总统王鼎昌求情，申辩该少年未成年，要求赦免。

但新加坡坚持法律面前人人平等，该少年最终还是被罚6鞭（鞭刑），并坐牢6个月，处罚金2000元新币（约合人民币13 000元）；后以不受欢迎为名被驱逐出境，永不得进入新加坡。

学而习之

1. 想一想：如果有1个、10个、100个乃至更多的同学不爱护公物的话，我们的校园、社区将会成为什么样子？会给我们的学习和生活带来哪些不便？

> 社会公物需要你我共同维护。

2. 小调查：你们班同学存在着哪些具体的损坏公物的行为。

融会贯通

公共财产神圣不可侵犯

破坏公物的行为大致有两种类型：一种是盗卖公共设施牟利；

另一种则是无聊的情绪发泄和恶作剧。

我国宪法第十二条明确规定：社会主义的公共财产神圣不可侵犯。同时还规定：禁止任何组织或者个人用任何手段侵占或者破坏国家的和集体的财产。公物是国家或集体所拥有的东西，绝不能成为个体发泄私愤的"发泄物"。

我国刑法第二百七十五条规定：故意毁坏公私财物，数额较大或者有其他严重情节的，处三年以下有期徒刑、拘役或者罚金；数额巨大或者有其他特别严重情节的，处三年以上七年以下有期徒刑。

由此可见，无论当事人是出于哪种原因，故意毁坏公私财物都是违法犯罪行为，都应该受到法律的制裁。

沉溺网吧危害身心

🌸 过目难忘

情景一：云南省某县初中学生陈某，于2002年11月9日早上骑自行车出门，直至深夜未归。家人四处寻找，不见踪迹。12日下午，

其尸体在西华桥下被发现。原来，9日那天陈某去网吧玩，欠上机费20元，老板将其自行车扣押，陈某不敢回家，最后饥寒交迫，投水而亡。

情景二：2004年3月31日上午，重庆市某镇3名中学生罗某、熊某和王某逃学后，在一家网吧里玩了大约44个小时的"传奇"游戏，其中熊某连续玩游戏达3个通宵。3人走出网吧后，极度困乏，竟躺在火车铁轨上睡着了。结果，熊某和王某被疾驰而过的火车碾死，罗某滚下铁轨侥幸逃生。

❀ 心中有数

某市共有网吧48家，平均每天上网人数632人。其中，6～10岁的占7.4%，11～18岁的占75%，18岁以上的占17.6%；玩网络游戏的占70%，上网聊天的占15%，看电影、听音乐的占5%，其他占10%。

❀ 学而习之

1. 在网吧上网2元/小时，一天若上网12个小时得花去多少钱？一周呢？一年又会花去多少钱呢？

2. 你身边有同学是"网虫"吗？利用你所学的数学知识，列一个上网危害账单，劝诫这些"网虫"同学远离网吧、戒掉网瘾。

3.请组织一次以"网络的利与弊"为主题的辩论会。

🍭 融会贯通

里水中心小学中队主题活动——远离黑网吧

一是危害身体。到网吧容易上瘾，长时间用眼、精神高度集中和电脑辐射，都会对视力、脑力、体力产生不利影响。

二是影响心理。少年儿童处于生长发育的高峰期，常去网吧，网络虚拟出的幻想空间容易使少年儿童用幻想代替现实，有时不能自我控制，甚至会抛弃生活，走向极端。

三是荒废学业。一心想着好玩儿的游戏，把学习放到一边，学业成绩每况愈下，导致厌学弃学。

四是毒害思想。一些网吧里的游戏充斥着大量凶杀、暴力和淫秽图片，污染着少年儿童的心灵。

五是诱发犯罪。网吧汇集各类人群，不少行为不良人员混入其中，对未成年人有着极大的腐蚀作用，容易使少年儿童沾染上不良习气，严重的会走上违法犯罪道路。

三、做一名遵纪守法好少年

没有规矩，不成方圆。一个不遵守规矩的人，
无论是在家庭还是在学校，或是将来走上社会，
都不会成为一个受欢迎的人。

过目难忘

常听说在美国的学校里，学生上课时可以随意交谈、走动、吃东西、进出教室等，但实际情况与上述说法差别很大。

以纽约市不同学区的8所中小学为例。走进这些校园，印象最深的是彬彬有礼的学生、安静整洁的走廊及互动而有序的课堂。

学生发言，先举手获得老师的许可；上洗手间要拿通行牌；和老师说话要称呼"先生"或"女士"；犯错误的学生要被叫去和导师或校长谈话，等等。

从这些地方可以看出，美国中小学有细致的道德教育和严明的纪律约束。

❧ 心中有数

江苏某中学调查发现：65％的学生基本能遵守学校规章制度和国家法律法规；30％的学生在学校有各种违纪行为，其中14％的学生有打架、破坏公物、顶撞老师等不良行为；还有5％左右的学生有违法行为。

据有关部门反映，现在该中学所在市未成年人犯罪率呈上升趋势。其中，年龄在14～18周岁的占青少年犯罪人数的53％，集中表现在打群架、偷窃、敲诈勒索等方面。

❧ 学而习之

1.根据你学过的法律知识，结合相关案例，在班内组织一次"模拟法庭辩论赛"。

2.在美国的学校里，每个教室都张贴着由学生集体讨论制订的简单易行的班规。例如举手等待被叫，管好自己的手、脚和物品，使用得体的语言，未经许可不要离开座位，倾听别人的发言，在教室和楼道里走而不是跑，不吃口香糖，听从指示，对他人友好和尊重等。这些具体的行为规范从小就渗透给了学生。

请你参照美国学校的做法，和同学们讨论制订一份《班级合约》，然后签字并执行。

❀ 融会贯通

争做遵纪守法好少年

懂法、守法一定要从身边的小事做起。

一、不以暴力解决矛盾。青少年很容易冲动，有的甚至一生气就动手打人。这样的做法是绝对不可取的。我们首先应该尝试着自己化解矛盾，尽量把心放宽一些。要知道，"退一步海阔天空"，相信你的大度和宽容反而更会赢得对方的尊重。

二、遵守学校的规章制度。为了维护学校正常的教学秩序，必然少不了"不随地吐痰""不攀折校内花草树木""上下楼梯靠右走"这些制度，我们一定要自觉遵守。如果疯狂打闹、推推搡搡，就有可能造成自己和他人的人身伤害。

三、懂得用法律保护自己。现在敲诈勒索学生的现象较多。因此放学要及时回家，不要单独走。遇到危急情况，要有自我保护意识，要冷静，想办法赶快离开或求救，不要与坏人硬拼。

我们要从小学法、懂法，还要用法、护法，用我们的实际行动，争做一名好少年。

附录："学而习之"参考答案

诚实学习篇：诚实学习让心灵无瑕

一、诚学之道

知之为知之，不知为不知，是知也

1.（1）两个对接的斜面，让静止的小球A沿一个斜面滚下，小球将滚上另一个斜面。

（2）如果没有摩擦，小球A将上升到原来释放时的高度C。

（3）如果没有摩擦，减小第二个斜面的倾角，小球在该斜面上还是上升到原来的高度D。

（4）如果没有摩擦，继续减小第二个斜面的倾角，最后使它成水平面，小球将沿水平面做持续的匀速运动。

其中（1）是可靠事实，（2）（3）（4）是抽象思维的推论。

学海求知真为岸

1.诺贝尔化学奖、诺贝尔物理学奖、诺贝尔生理学或医学奖、诺贝尔文学奖、诺贝尔和平奖

2.金属　　　治疗癌症，探测石油资源、岩石组成等

3.88　138

重诺守信篇：诚是连心桥

一、诚是生命的基本元素

"良心反抗原理"

1.183　7.65%　2.有机物　烃的衍生物　3.使用时忌与碱性药物合用。

二、诚信是最好的人格品牌

失信的歉疚

1. 2000×150 = 300 000（元）

四、无诚难立身

诚信是金

1.（1）使用流水洗涤或多冲洗几遍。

（2）PH试纸检验，若PH＞7，则未洗涤干净；反之，已洗涤干净。

（3）乳化

2.（1）物理性质

（2）种类：① 高温结构陶瓷，包括氧化铝陶瓷、氮化硅陶瓷、碳化硅陶瓷等。其优点是耐高温、强度高。② 半导体陶瓷。③ 生物陶瓷，包括人造骨头、人造血管等。

无信不立

2.（1）化学变化 （2）固体 （3）烟是固体小颗粒，雾是液体小液滴。

3.（1）发光 发热 （2）达到着火点 与充足的氧气接触

（3）增加氧气浓度或者增加氧化物的氧化性；增加可燃物与氧气或者氧化物的接触面积，例如粉碎可燃物且辅以鼓风；增加可燃物的温度、减少湿度等。

遵纪守法篇：没有规矩不成方圆

二、勿以恶小而为之

打架斗殴成本高

1. $500 + 500 \times 10 + 100 \times 10 + 100 + 80 \times 2 \times 10 = 8200$（元）

小偷小摸毁前程

2. $A \cap B = \{x \mid x$ 是未成年的违纪犯法人 $\}$

沉溺网吧危害身心

1. $2 \times 12 = 24$（元） $24 \times 7 = 168$（元） $24 \times 365 = 8760$（元）

后 记

掩卷沉思，这三本小册子，从最初构思到出版发行，已有七个年头了。七年间，大量的调查研究，反复的论证修改，一件件、一幕幕犹在眼前……其中，凝结着许多人的汗水和智慧。

2011年11月～2012年7月，本书的创意、框架及核心内容大纲形成雏形，2012年12月9日修改完成。

2013年1～6月，山东师范大学张茂聪教授，带领张新颜、焦明、孟强、李成泉4位教师和寻焕儒、杨小凤、万延岚3位在校研究生，依据大纲要求，搜集了有关素材，创作了本书所需试题。

2013年1月～2014年2月，对体例、框架、内容、文字进行了再次修改和调整，形成了本丛书的初稿。

2014年2～3月，莱州市政府教育督导室办公室主任葛春森带领史秀玲、张卫庆、刘娜、彭慧、徐建华、吴艳华6位老师先后对书稿的有关内容进行了审读和论证，并对《家庭美德·孝德》和《学业道德·诚德》的有关文字内容进行了缩写。

2014年3～6月，再次征求有关专家和学者的意见，对书稿再度进行修改，形成了定稿。

2014年3月，本丛书的插图人物"善善"和"亮亮"的形象创意及绘制由山东省画院张德娜老师完成。

2014年3～6月，山东工艺美术学院苗登宇副院长、山东工艺美术学院数字艺术与传媒学院顾群业院长和张光帅老师根据"善善"和"亮亮"的创意形象，带领团队创作完成了本丛书的插图工作。

  参加本丛书编写工作的专家和老师，认真负责，严谨细致，敬业专业，他们对中小学生德育教育的使命感和责任感，深深地感动着我。

  本丛书从创意到完成，得到了许多领导、专家以及同志们的热情帮助和大力支持。山东省委常委、宣传部长孙守刚同志对本书的创作极为关心和支持，并为本书作序。山东广电网络集团纪委书记曲忠强，莱州市教育局长、莱州一中校长蔡润圃等同志做了大量工作。在此，向他们表示深深的敬意和衷心的感谢。

  本丛书的创意及体例是国内德育教育的一次创新尝试，因本人境界和水平所限，书中存有诸多难尽人意之处，敬请广大读者予以谅解和指正。

  三年无节假，点滴汇成溪。愿本丛书能为广大青少年的健康成长带来帮助。

林建宁

2014年5月4日于济南

四德歌

1=D 4/4

林建宁 词
戚建波 曲

5 5 6 5 3 —	2 2 1 6· 5 —	1 1 1 2 3 2 3
爹娘 生咱身，	拉扯 咱成人，	汗水 壮咱 筋骨 肉，
在家 尽孝 心，	出门 讲诚 信，	心胸 坦荡 走四 方，

5 5 3 1 2 —	3 5 6 5 3 —	2 2 3 5 6· —
恩情 比海 深，	养娘 心安 稳，	敬爹 是本 分，
路平 风也 顺，	诚是 连心 桥，	信是 聚宝 盆，

6· 1 1 6 5 2 3	2 1 2 3 1 — ‖:	5 5 6 1 6 5 —
一个 道理 传古 今	要做 孝德 人。	孝诚 立我 身，
一个 道理 传古 今	要做 诚德 人。	人人 有爱 心，

1 1 6 5 3 5 6 5 —	3 5 5 6 1 6 5 3	2 2 6 3 2 —
仁义 传家 人，	积善 之家有余 庆	厚德 福临 门。
相见 满面 春，	走出 小家进大 家	都是 一家 人。

5 5 6 5 3 —	2 2 3 1 6 —	6· 1 1 6 5 2 3
古语 值千 金，	天地 鉴人 心，	一个 道理 传古 今
日月 映星 辰，	天涯 若比 邻，	一个 道理 传古 今

1. 2 1 2 3 1 — :‖	2. 2 1 2 3 1 — :‖	3. 2 1 2 3 1 —
要做 仁德 人。	D.C. 要做 爱德 人。	D.S. 要做 爱德 人。

2· 1 2 1 2 3	3 — — — ∨	1 — — —
要 做 爱 德		人。

（根据《三德歌》改编）

守善念

1=bB 4/4 d=72

林建宁 词
戚建波 曲

```
5 3 5  6 6 5 | 6 i  i 6 5  - | 6 i  i 6 5 3 |
山之旁  海之边  故国 越千年    春风 绿秋实甜

5 1  2 3 2  - | 5 3 5  6 6 5 | 6 i  i 2  i 6 - |
秀美 好山川    地之 上人世 间  百善 孝为 先

i 2  i 6 5 3 | 5 2  3 2 1  - :‖ i 2 3  2 i 2 |
诚为 本爱相伴  春雨 洒人 间      守善念 心地宽

i i  6 3 2  - | i 2  3 2 i 6 | 6 3 7 6 5  - |
家和 子孙贤    人心 正天随愿  美德 代代 传

i 2 3  2 i 2 | i i  6 3 2  - | i 2 3  2 i 6 |
守善念 心地宽  家和 子孙贤    人心 正天随愿
```

```
┌─1─────────────     ┌─2─────────────     ┌─3─────────────
5 6  2 2 i  - :‖ 5 6  2 2 i  - :‖ 5 6  2 2 i  -
美德 代代传      美德 代代传      美德 代代传
```

```
┌─尾
2  - | 3 - - - ∨ | i - - - | i  0 ‖
代    代        传
```

（根据《淄川好》改编）

图书在版编目（CIP）数据

学业道德·诚德／林建宁编著. —济南：山东教育
出版社，2014（2017重印）
ISBN 978-7-5328-8459-9

Ⅰ．①学… Ⅱ．①林… Ⅲ．①品德教育—中国
Ⅳ．①D648

中国版本图书馆CIP数据核字（2014）第127734号

文明基因·孝 诚 爱——中小学生"四德"教育普及读物丛书

学业道德·诚德

林建宁 编著

主　　管：山东出版传媒股份有限公司
出 版 者：山东教育出版社
　　　　　（济南市纬一路321号　邮编：250001）
电　　话：（0531）82092664　传真：（0531）82092625
网　　址：www.sjs.com.cn
发 行 者：山东教育出版社
印　　刷：山东海博印务有限公司
版　　次：2017年1月第1版第3次印刷
规　　格：787mm×1092mm　16开本
印　　张：6印张
字　　数：67千字
书　　号：ISBN 978-7-5328-8459-9
定　　价：10.00元

（如印装质量有问题，请与印刷厂联系调换）
（电话：0536-3501770）